Verbrechen und Vergehen gegen den Staat.

Abschnitte 1—5.

(Hochverrat, Landesverrat, Verbrechen und Vergehen gegen die Unverletzlichkeit des Staatsoberhauptes, in Beziehung auf die Ausübung staatsbürgerlicher Rechte und gegen ausländische Staaten.)

Von

Dr. O. Hamm,

Wirklicher Geheimer Rat, Oberlandesgerichtspräsident a. D.

Sonderabdruck aus Reform des Strafgesetzbuchs.

Berlin 1910.

J. Guttentag, Verlagsbuchhandlung,

G. m. b. H.

1. Abschnitt.

Hochverrat.

Unter der Bezeichnung Hochverrat sind zusammengefaßt: die Verbrechen gegen das Leben und gegen die Herrschergewalt des Staatsoberhaupts, gegen die Verfassung und gegen das Gebiet des Staats. Der Ausdruck stammt aus dem § 91 Allg. LR. II 20 und weist auf einen Treubruch des Verbrechers gegen Staatsoberhaupt und Staat hin. Das paßt aber nur, wenn die Verbrechen von einem Angehörigen des Staats begangen werden. Schon im StGB. und ebenso in dem *DVE.* wird gemäß § 3 und § 4 Abs. 2 N. 1 auch der Ausländer wegen Hochverrats bestraft, selbst wenn er die Tat im Auslande begangen hat. Ein Ausländer schuldet dem fremden Staat und dessen Oberhaupt keine Treue und begeht durch das Verbrechen ihnen gegenüber keinen Verrat. Die *VEBegr.* sucht S. 411, 412 im Anschluß an van Calker *Vergl. Darst. Bes. T.* I S. 15, 16 die Beibehaltung des Ausdrucks, der in der Literatur mehrfach angefochten und nur bei wenigen ausländischen Gesetzgebungen in Gebrauch ist, damit zu rechtfertigen, daß er in der deutschen Rechts- und Gesetzessprache eingebürgert sei und bloß zur Gruppierung zusammengehöriger Tatbestände diene, ohne daß aus ihm Schlußfolgerungen auf deren Erfordernisse zu ziehen seien. Meines Erachtens reichen diese Gründe nicht aus, um die Bezeichnung eines Verbrechens fortzuführen, die den gegenwärtigen Grund der Strafbarkeit unrichtig wiedergibt. Zudem ist der schiefe Ausdruck für die Rechtsprechung gefährlich. Der Richter kann sich durch die Bezeichnung „Hochverrat“ veranlaßt sehen, die Strafe, soweit es sich nicht um eine absolute Strafe handelt, gegen den Ausländer niedriger zu bemessen als gegen den Inländer, während doch der Schutz gegen einen ausländischen Staat und das durch den Angriff eines Ausländers verletzte Nationalgefühl eher eine höhere Bestrafung des ausländischen Täters fordern. Ich möchte vorschlagen, überall das Wort „Hochverrat“ zu streichen oder zu ersetzen durch: „Angriffe auf den Staat“. Diese Bezeichnung klingt an Ausdrücke an, die in ausländischen Gesetzgebungen angewandt und im allgemeinen Sprachgebrauch üblich sind, wie „Attentat“ und „Staatsstreich“, und paßt zu dem Ausdruck, den § 100 für das schwerste dieser Verbrechen anwendet.

Bei ihm — dem Verbrechen gegen das Leben des Staatsoberhaupts — soll durch die Fassung des § 100 „ein Angriff auf das Leben“ einesteils die dem § 80 des StGB. entsprechende Gleichstellung des Versuchs mit der vollendeten Tat und andernteils — abweichend vom StGB. — die Gleichstellung von Mord und Totschlag ausgesprochen werden. Ich halte beides für gerechtfertigt; ebenso die Verhängung der Todesstrafe als der schwersten Strafe des StGB. und den Ausschluß von mildernden Umständen. Das Leben des Staatsoberhaupts ist in einem weit höheren Maße Angriffen ausgesetzt als das anderer Menschen. Der Herrscher macht sich nicht nur durch die Ausübung seiner Herrschergewalt notwendig eine Reihe persönlicher Feinde, sondern auch alle Feindschaft und aller Haß fremder Völker, wie fremder und eigener Bürger gegen Staat und Gesellschaft entladen sich gegen deren obersten Vertreter. So bedarf es zu einem wirksamen Schutz des Herrschers gegen Angriffe auf sein Leben einer Strafe von möglichst starker Abschreckungskraft und insbesondere auch einer den Versuch mit voller Wucht treffenden Bestrafung. Zudem kann die Tötung des Staatsoberhaupts so schwere Erschütterungen des staatlichen Gefüges, wie des Ansehens und der Macht des Staates zur Folge haben, daß auch der Staat eines wirksamen Schutzes gegen solche Angriffe bedürftig ist.

Gegenüber den großen Gefahren, welche eine Tötung des Staatsoberhaupts für den Staat heraufbeschwört, kann es auf den Grad der subjektiven Schuld des Täters, auf das Maß seiner Überlegung und auf die Art seiner Beweggründe nicht ankommen. Auch eine im Affekt und aus edlen Motiven begangene oder versuchte Tötung des Staatsoberhaupts ist aus dem Grunde ruchlos und der höchten Strafe wert, weil der Täter sich über die schweren Gefahren seiner Tat für den Staat hinwegsetzt.

Mit Recht hebt der Vorentwurf demgemäß auch die bisherige Unterscheidung auf, wonach die Tat, sofern sie nicht gegen den Kaiser gerichtet ist, nur dann mit dem Tode bestraft wird, wenn es der eigene Landesfürst oder der Bundesfürst des Aufenthaltsortes ist, der von der Tat getroffen wird. Die Gefährlichkeit der Tat ist die gleiche, mag sie von einem Ausländer oder einem Inländer verübt sein. Das Nationalgefühl wird durch Lebensbedrohungen gegen den Führer und Vertreter der Nation, welche von einem Ausländer ausgehen, erst recht verletzt und erst recht zur Forderung einer vollen Sühne gezwungen. Es muß auch der Begründung durchaus zugestimmt werden, wenn sie S. 416—418 auf die nunmehrige Rechtseinheit im Deutschen Reich und auf den festen Zusammenhang hinweist, in den die einzelnen deutschen Staaten während der 40 Jahre seit Erlaß des StGB. zusammengewachsen sind, und es hiernach für unmöglich erklärt, noch weiterhin den Angriff eines Deutschen auf einen Bundesstaat, den er nicht angehört und dessen besonderen Schutz infolge seines Aufenthalts er nicht genießt, unter eine mildere Strafe zu stellen. Endlich ist auch darin dem Vorentwurf (Begründung S. 415) beizupflichten, daß er, nach dem Vorschlag, den van Calker S. 35 macht, dem Regenten eines Bundesstaats den gleichen Schutz, wie dem Fürsten eines Bundesstaats gewährt. Der Regent ist auf Grund der Landesverfassung zur Herrschergewalt berufen, durch deren Ausübung den gleichen Gefahren wie der durch das Erbrecht berufene Herrscher ausgesetzt, und der Zusammenhang zwischen Regent und Volk ist der gleiche wie zwischen Fürst und Volk.

Nur insofern halte ich eine sachliche Änderung des § 100 für geboten, als er beim Versuche dem freiwilligen Rücktritt und der tätigen Reue keine Bedeutung beilegt. Dadurch, daß der § 100 den Angriff auf das Leben des Staatsoberhaupts zu einem vollendete Tat und Versuch zusammenfassenden Delikt macht, ist die Anwendung des § 77, der die Strafbarkeit des Versuchs in Wegfall bringt, wenn der Täter freiwillig die Ausführung aufgegeben oder den Eintritt des zur Vollendung gehörigen Erfolges abgewendet hat, auf die in dem Delikt des § 100 enthaltenen Versuche der Tötung ausgeschlossen. Wenn man bedenkt, daß bei dem Angriff auf das Leben des Staatsoberhaupts die Gleichstellung des Versuchs mit der vollendeten Tat und die Bestrafung beider mit dem Tode vor allem wegen der Staatsgefährlichkeit eines solchen Angriffs und zum Zwecke einer wirksamen Abschreckung geschieht, so erscheint die Anwendung dieser Strafe auf Fälle, in welchen der Verbrecher die Tat nur versucht und dann freiwillig aufgegeben, oder den Erfolg abgewendet hat, einesteils ungerechtfertigt und anderenteils geeignet, die abschreckende Wirkung in allen Fällen mit dem Anfang der Ausführung aufzuheben. In Übereinstimmung mit van Calker (S. 41 a. Schluß) befürworte ich, für Angriffe auf das Leben des Staatsoberhaupts, bei welchen es nur bis zu einem Tötungsversuch gekommen ist, den freiwilligen Rücktritt und die tätige Reue, wenn auch nicht, wie im *OVE.* § 111, und zwar dort bei allen Hochverratsverbrechen, zum Strafausschließungs-, so doch zum Strafmilderungsgrund zu machen. Als angemessene

Strafe für diese Fälle erscheint die im § 101 bei milderen Umständen vorgesehene.

Bezüglich der Fassung des § 100 ist folgendes zu bemerken. Einmal ergibt die Bezeichnung „Angriff auf das Leben" zwar, daß es nicht bis zur Tötung gekommen zu sein braucht, läßt aber Zweifeln darüber Raum, ob es — was gewollt ist — bis zum Versuch der Tötung gekommen sein muß oder etwa schon eine nicht bis zum Versuch gekommene Handlung ausreicht. Zur Hebung dieser Zweifel ist es zweckmäßig, im § 100 hinter dem Wort „wird" einzufügen: „wenn es auch nur bis zu einem Versuch der Tötung gekommen ist". Sodann hat es etwas Ungelenkes, wenn der Paragraph neben dem Kaiser von einem „andern" Landesfürsten spricht. Es ist angemessen, den Kaiser besonders herauszuheben, bedarf aber nicht einer ausdrücklichen Hervorhebung, daß der Kaiser auch ein Landesfürst ist. Man sagt besser einfach: „des Kaisers, eines Bundesfürsten oder des Regenten eines Bundesstaats".

Auch bei den übrigen im Vorentwurf als Hochverrat bezeichneten Verbrechen ist entsprechend ihrer gleichfalls hohen Staatsgefährlichkeit die Gleichstellung des Versuchs mit der vollendeten Tat zu billigen und die Bestrafung mit der zweithöchsten Strafe: „lebenslänglichem Zuchthaus" oder, sofern das Verbrechen nicht aus einer ehrlosen Gesinnung des Täters hervorgegangen ist mit „lebenslänglicher Haft" angemessen. Wenn der Vorentwurf die bisher bei mildernden Umständen vorgesehene Strafe insoweit verschärft, als er neben Haft auch Zuchthaus nicht unter fünf Jahren zuläßt, so beruft sich die Begründung S. 425 hierfür mit Recht auf mögliche Fälle in welchen die mildernden Umstände nur deshalb, weil das Unternehmen nicht über die ersten Stadien des Versuchs hinausgelangte, angenommen seien, die Strafe der Haft aber der verwerflichen Gesinnung des Täters nicht entsprechen würde.

Einer besonderen Strafmilderung für Versuche mit freiwilligem Rücktritt oder tätiger Reue bedarf es hier nicht, da der Richter derartigen Fällen durch die zugelassene Annahme von mildernden Umständen gerecht werden kann.

Die Gleichstellung des Versuchs mit der vollendeten Tat ist in dem § 101 dadurch ausgedrückt, daß derjenige unter Strafe gestellt wird, der versucht, die betreffende Handlung vorzunehmen. Die bisherige Fassung: „Wer es unternimmt" hat zu Streitfragen über den Begriff des „Unternehmens" geführt. Wenn diese auch schließlich dahin entschieden worden sind, daß das „Unternehmen" neben der vollendeten Tat jeden Versuch, aber auch nur einen solchen, umfasse, so will man doch durch die neue Fassung alle Zweifel hierüber aufschließen. Begr. S. 144. Es entspricht das einem Vorschlage, den van Calker S. 41 gemacht hat, wie dem § 193 des *SchVE.* Allein die nunmehrige Fassung ist inkorrekt, indem danach — wörtlich genommen — nur der Versuch und nicht auch die vollendete Tat strafbar wäre. Diesem Mangel ist abgeholfen, sobald man die bisherige Fassung „wer es unternimmt" beibehält und ähnlich, wie von mir oben zu § 100 vorgeschlagen ist, hinter dem Worte „wird" einschiebt: „wenn es auch nur bis zum Versuch gekommen ist".

An die Stelle des im § 81 StGB. aufgestellten Erfordernisses, daß die Handlungen „gewaltsam" vorgenommen seien, setzt der § 101 des Vorentwurfs die Vornahme „durch Gewalt oder Drohung mit Gewalt". Es werden so die Zweifel, welche der Ausdruck „gewaltsam" hervorgerufen hat, gehoben und unzweifelhaft auch die denkbaren Fälle getroffen, in welchen die Angriffe, um die es sich handelt, ohne Anwendung physischer Gewalt ausgeführt werden. Speziell für den Angriff gegen die Verfassung in Nr. 2 und gegen das Gebiet des Staats in Nr. 3 weiterzugehen und jeden „ungesetzlichen" oder „rechtswidrigen" Angriff unter Strafe zu stellen, wie dies verschiedene ausländische Gesetzgebungen tun und van Calker S. 36 vorschlägt, lehnt die Begründung S. 423 u. 425 mit Recht ab. Eine ungesetzliche Verfassungsänderung läßt sich nur durch Gewalt oder Drohung mit Gewalt erzwingen. Und die Auslieferung einer deutschen Kolonie an einen auswärtigen Staat ist, auch wenn die Kolonie von deutschen Truppen entblößt ist, ein Entreißen durch Gewalt.

In Nr. 1 ist bei dem Angriff gegen die Herrschergewalt des Staatsoberhaupts ebenso, wie bei dem Angriff auf dessen Leben in § 100 die Gleichstellung des Regenten mit Kaiser und Bundesfürst zu billigen und die Änderung der Fassung dahin zu wünschen, daß es lautet: „des Kaisers, eines Bundesfürsten und des Regenten eines Bundesstaates". Im übrigen hat der Vorentwurf die zu kasuistische und infolgedessen gefährliche Lücken zeigende Fassung des StGB. glücklich verbessert.

Zu 2 ist nicht an eine Änderung der Verfassungsurkunde, sondern an eine Änderung der durch diese, wie durch sonstige Gesetze geordneten Verfassung des Staats, und zwar der Grundlagen derselben, gedacht (Begründung S. 423), demgemäß aber im Text besser zu sagen: „Grundlagen der Verfassung". Neben der Verfassung die Thronfolge besonders aufzuführen, wie dies das StGB. tut, halte ich mit dem Vorentwurf für überflüssig.

Die Bestimmungen über die Angriffe gegen das Gebiet des Staats sind in Nr. 3 verständig gekürzt. Van Calker hält S. 37 eine ausdrückliche Erwähnung der kolonialen Schutzgebiete, wenn auch nicht für unbedingt erforderlich, so doch für zweckmäßig. Meines Erachtens durfte der Vorentwurf davon absehen. Daß zum Gebiete des Deutschen Reichs auch die deutschen Schutzgebiete gehören, ist selbstverständlich.

Das StGB. stellt in § 86 Nr. 3 beim Hochverrat auch schon die vorbereitenden Handlungen, und zwar allgemein, unter Strafe. Das deutsche Strafrecht steht damit fast ganz isoliert. Nur Österreich und Rußland haben eine gleiche Bestimmung. *Vergl. Darst.* S. 44. Der Vorentwurf hat sie in § 102 Abs. 3 beibehalten, wie dies auch der *OVE.* in § 111 Nr. 1 tut. Van Calker empfiehlt, auf die generelle Bestrafung der Vorbereitungshandlungen zum Hochverrat zu verzichten. Ich kann mich diesem Verlangen nur anschließen. Der Gesetzgeber überschreitet die Grenzen des Strafrechts, wenn er Handlungen bestraft, die noch nicht ergeben, daß der Handelnde zu der Straftat entschlossen ist und hemmt die Wirkung der durch die schwere Strafe der Tat und des Versuches gegebenen Abschreckung. Es läßt sich allerdings nicht verkennen, daß es vorbereitende Handlungen des Hochverrats gibt, welche sich dem Beginn der Ausführung der Tat bedenklich nähern und darüber keinen Zweifel lassen, daß der Handelnde den Willen zur Ausführung der Tat gefaßt hat. Allein es ist dann eben nur für derartige dem Versuche ganz nahestehende Vorbereitungshandlungen, soweit sie sich gesetzlich umschreiben lassen, eine ausnahmsweise Strafbestimmung am Platze. In dieser Weise sind denn auch alle übrigen Gesetzgebungen verfahren. Auch das StGB. wie der Vorentwurf heben solche Tatbestände dadurch besonders heraus, daß sie hierfür höhere Strafen als für hochverräterische Vorbereitungshandlungen im allgemeinen festsetzen.

Es ist dies vor allem die öffentlich oder durch Verbreitung von Schriften, Abbildungen oder Darstellungen geschehene Aufforderung zur Begehung eines hochverräterischen Verbrechens (StGB. § 85 und Vorentwurf § 102 Abs. 1), worin indes weniger eine vorbereitende Handlung, als ein Versuch der Anstiftung unbestimmter Personen zum Hochverrat zu sehen sein dürfte. Rechtsprechung und Rechtswissenschaft sind darüber einig, daß zu einer bestimmten hochverräterischen Handlung aufgefordert sein muß, und auch die Begründung erkennt dies S. 426 an. Es erscheint aber nötig, das auch im Text des Gesetzes ausdrücklich zu sagen, wie es schon zum StGB. im § 85 beschlossen war und nur durch ein Versehen unterblieben ist. (Olshausen 7. Aufl. Bd. I Note 3.)

Wenn van Calker S. 47 diese besondere Strafbestimmung für die Aufforderung zum Hochverrat als überflüssig und die allgemeinen Strafbestimmungen für die Aufforderung zu strafbaren Handlungen als ausreichend erachtet, welche in den §§ 110 und 111 StGB. und ebenso in den §§ 131 und 132 Vorentwurf enthalten sind, so dürfte das, auch wenn die Strafen der letzteren für die Aufforderungen zu hochverräterischen Handlungen erhöht würden, nicht zutreffen. Es handelt sich nicht bloß darum, wegen der Gefährlichkeit des Hochverrats eine höhere Strafe für die Aufforderung zu diesem festzusetzen, sondern der Tatbestand ist im § 102 Abs. 1 ein anderer. Der § 131 des Vorentwurfs stellt die öffentliche Aufforderung zu strafbaren Handlungen im allgemeinen ohne Richtung auf eine bestimmte geplante Handlung, der § 132 die nicht öffentliche zu einer bestimmten Strafhandlung unter Strafe. Eine öffentliche Aufforderung zu einer bestimmten Strafhandlung, gegen die sich der § 102 Abs. 1 bezüglich des Hochverrats richtet, wird bei anderen Verbrechen wohl schwerlich vorkommen, und bei ihnen wäre, wenn sie vorkäme, nicht im entferntesten eine gleiche Wirkung zu befürchten. Daß der Vorentwurf dem „Auffordern“ das „Aufreizen“ zur Seite stellt (Begr. S. 428 und 429), halte ich für gerechtfertigt, da geschickte Agitatoren in der Tat es leicht haben, unter Vermeidung einer ausdrücklichen Aufforderung ganz das Gleiche durch Aufreizung zu erreichen. Dagegen ist es meines Erachtens nicht angängig, mit dem Vorentwurf (Begr. S. 429) die Worte „vor einer Menschenmenge“ zu streichen. Gerade darin, daß die Aufforderung in Anwesenheit einer Menschenmenge geschieht, liegt ihre große Gefahr.

Die anderen vorbereitenden Handlungen, die der Vorentwurf heraushebt, sind die Verabredung eines hochverräterischen Unternehmens mit einem Anderen — das sogenannte Komplott — und die Vorbereitung eines hochverräterischen Unternehmens durch Unterhandlungen mit einer ausländischen Regierung — die sogenannte Konspiration — (§ 102 Abs. 2). Die Änderungen im Vorentwurf sind zu billigen. Die Fassung ist kürzer und besser, das Strafmaß etwas gemildert. Der Ausdruck „Unterhandlungen“ statt „Einlassen“ stellt sachgemäß einesteils den bloßen Versuch, Verhandlungen herbeizuführen, wie die erfolglose Aufforderung oder das Erbieten zu Verhandlungen straffrei und macht es andernteils bedeutungslos, ob der erste Schritt zu den Verhandlungen von der fremden Regierung oder von dem Täter geschehen ist (Begr. S. 428). An Stelle einer „auswärtigen“ Regierung ist „ausländische“ gesetzt um klarzustellen, daß nur an hochverräterische Konspirationen mit nicht deutschen Regierungen gedacht ist. Nach der bisherigen Fassung ist in der Literatur hierüber Streit (Begr. S. 427/8, Olshausen N. 3 zu § 84). Da es undenkbar ist, daß sich eine deutsche Regierung auf solche Unterhandlungen einlassen würde, war der Streit müßig und ist die Änderung nur eine Sache des politischen Anstandes, um die Annahme, als ob der Gesetzgeber das für möglich halte, auszuschließen.

Die im § 84 StGB. weiter aufgeführten Fälle, daß jemand die ihm von dem Reiche oder einem Bundesstaate anvertraute Macht mißbraucht oder Mannschaften anwirbt oder in den Waffen einübt, sind Calkers Vorschlag gemäß als gegenwärtig von keiner erheblichen Bedeutung gestrichen (*Vergl. Darst.* S. 47, Begr. S. 428). Die Ausdehnung der Bestimmung, wonach neben Festungshaft Verlust der bekleideten öffentlichen Ämter und der aus öffentlichen Wahlen hervorgegangenen Rechte verhängt werden kann, auf die Aufforderung zum Hochverrat (§ 103, Begr. S. 430) ist meines Erachtens gerechtfertigt.

---

2. Abschnitt.

Landesverrat.

Die Bezeichnung „Landesverrat“ stammt wie die Bezeichnung „Hochverrat“ aus dem Allg. LR. II 20, wo im § 100 folgende Begriffsbestimmung gegeben ist: „Ein Untertan, wodurch der Staat gegen fremde Mächte in äußere Gefahr und Unsicherheit gesetzt wird, begeht Landesverräterei.“ Die Begründung definiert den Landesverrat nach van Calker *Vergl. Darst.* S. 10 Anm. 2 als „rechtswidrigen vorsätzlichen Angriff auf die Machtstellung des Deutschen Reichs oder eines Bundesstaats in seinem Verhältnis zu andern Staaten“. Auch hier weist der Ausdruck „Verrat“ auf einen Bruch des Treuverhältnisses hin, in dem der Täter zum Deutschen Reich oder dem Bundesstaat steht. Das hat hier aber keine Bedenken, da in den Fällen des Landesverrats entweder nur der Deutsche strafbar oder die Strafbarkeit des Ausländers auf den Fall beschränkt ist, daß der Ausländer die Tat im Inlande, also, wie es im § 92 StGB. heißt, unter dessen Schutz begeht.

Daß in den §§ 104 und 106 Vorentwurf die Eingangsworte der

§§ 87 und 89 StGB. „Ein Deutscher, welcher" durch „Wer" ersetzt sind, ist sachlich ohne Bedeutung, weil zugleich der § 91 Abs. 2 gestrichen ist und demgemäß für die Fälle dieser Paragraphen die allgemeine Bestimmung des § 3 Platz greift. Allein durch die nunmehrige Fassung des § 104 wird dessen Anwendung auf den die Tat im Deutschen Reiche begehenden Ausländer für den Fall zweifelhaft, daß der Ausländer mit seiner Regierung in Unterhandlung tritt, da diese für ihn keine „ausländische" ist. Man wird statt dessen „nicht deutsche" sagen müssen.

Wenn der § 104 an die Stelle der Absicht des Täters, „die ausländische Regierung zu einem Krieg gegen das Deutsche Reich zu veranlassen", die Absicht der Herbeiführung eines solchen Krieges setzt, so erscheint das erforderlich, um die Fälle zu treffen, in welchen der Täter durch die Vermittlung eines fremden Staats einen dritten Staat zum Kriege gegen Deutschland veranlassen will. Eine fernere Fassungsänderung entspricht derjenigen in § 102 Abs. 2 und ist durch den nämlichen Grund, wie da, gerechtfertigt. Auch ist es zweckmäßig, mit dem Vorentwurf die lebenslängliche Zuchthausstrafe, welche der § 187 für den Fall vorsieht, daß der Krieg ausgebrochen ist, als Strafe für alle schweren Fälle festzusetzen. Der Ausbruch eines Krieges kann zudem nur dann einen Grund zur Strafschärfung bilden, wenn die Handlung des Täters den Ausbruch des Krieges bewirkt hat oder wenigstens mit daran schuld ist.

Die Randbezeichnung „diplomatischer Landesverrat" gibt das Kennzeichnende des Falles nicht wieder und wird besser durch „Krieganstiftung" ersetzt.

Zu § 105 ist die Milderung der Strafe des § 88 StGB. zu billigen, desgleichen die Strafschärfung für schwerere Fälle im allgemeinen statt bloß für den Fall, daß der Deutsche erst während des Krieges in das feindliche Heer eintritt.

An Stelle der Randbemerkung „Kriegsverrat", welche keine klare Vorstellung des Tatbestandes weckt, dürfte besser mit dem *OVE.* § 118 „Kriegsdienst beim Feinde" zu sagen sein.

Die Strafvorschrift des § 89 StGB. gegen denjenigen, der während eines gegen das Deutsche Reich ausgebrochenen Krieges vorsätzlich der feindlichen Macht Vorschub leistet oder unserer Kriegsmacht Nachteil zufügt, dehnt der § 106 Vorentwurf nach dem Vorgang mehrerer fremder Gesetzgebungen auf den Fall aus, daß die gleichen Handlungen in Beziehung auf einen ausgebrochenen oder drohenden Krieg gegen das Reich verübt werden. Die Erweiterung des Tatbestandes auf den Fall eines bevorstehenden Krieges erscheint zum wirksamen Schutz des Reichs geboten, da in der Tat solche Handlungen unmittelbar vor Ausbruch des Krieges erst recht von verhängnisvollen Folgen für den Krieg und damit für das Reich sein können (Begr. S. 433).

Doch dürfte es sich empfehlen, statt „in Beziehung auf einen ausgebrochenen oder drohenden Krieg gegen das Reich“ zu sagen: „während des gegen das Reich ausgebrochenen Krieges oder während der Ausbruch eines Krieges zu erwarten ist“.

Was unter dem Erfordernis, daß die Tat in Beziehung auf einen Krieg verübt sei, zu verstehen ist, kann der Rechtsprechung sehr zweifelhaft und die tatsächliche Feststellung, ob dieses Erfordernis im einzelnen Falle vorliegt, ihr recht schwierig sein. Daß ein Krieg droht, kann der Richter annehmen, wenn der Krieg noch in sehr weiter Ferne, die Gefahr, daß er ausbricht, noch sehr gering ist. Verlangt man, daß der Ausbruch des Krieges zu erwarten sei, so schiebt man die Tat in eine Zeit vor, wo die Gefahr des Krieges nähergerückt und leichter für jeden erkennbar ist.

Den Tatbestand, wie van Calker S. 81 vorschlägt und der *SchVE.* in § 196 tut, auf die bloße Gefährdung der militärischen Interessen, ohne daß es zu einer wirklichen Schädigung gekommen ist, zu erstrecken, lehnt die Begründung mit Recht ab.

Die Streichung des casnistischen § 90 und dessen Ersatz durch eine allgemeine Strafschärfung für schwerere Fälle ist ungeteilten Beifalls gewiß. An Stelle der sich auf diesen Paragraphen mitbeziehenden Randbezeichnung „Kriegsverrat“ heißt es hier besser im Anschluß an vgl. Darst. S. 57 „Begünstigung des Feindes“.

In § 107 reiht der Vorentwurf die Nichterfüllung von Lieferungsverträgen im Kriege, die das StGB. im § 329 zusammen mit der Nichterfüllung der bei einem Notstand abgeschlossenen Lieferungsverträge unter den gemeingefährlichen Verbrechen und Vergehen behandelt, in die Bestimmungen über den Landesverrat ein. Bei den gemeingefährlichen Delikten ließ sich die Strafvorschrift allerdings nicht mehr unterbringen, nachdem der Vorentwurf die Bestrafung der Nichterfüllung von Notstandslieferungsverträgen fallen gelassen hat. Allein unter den Landesverrat paßt die Strafbestimmung eben wenig. Geschieht die Nichterfüllung des Lieferungsvertrages mit dem Vorsatz, der feindlichen Macht Vorschub zu leisten oder der unseren Nachteil zuzufügen, so fällt sie, wie die Begründung S. 435 hervorhebt, als Landesverrat unter die Strafbestimmung des § 106. Hiernach handelt es sich im § 107 um eine Nichterfüllung, die ohne solchen Vorsatz, in der Regel aus Gewinnsucht oder zur Vermeidung von Verlusten, geschieht. Das ist zwar auch ein Vergehen gegen den Staat, ein Bruch des mit diesem abgeschlossenen Privatvertrages, aber kein Bruch des Treuverhältnisses zwischen Staat und Untertan und kein Angriff auf die Machtstellung des Reichs in seinem Verhältnis zu anderen Staaten. Es wird daher nichts anderes übrig bleiben, als den § 107 — eventuell unter Teilung in zwei Paragraphen — hinter dem Abschnitt Landesverrat in einem besonderen Abschnitte unterzubringen.

Die Fassungsänderungen sind zu billigen. Nur möchte, wie zum § 106 vorgeschlagen, zu sagen sein: „während eines gegen das Reich ausgebrochenen Krieges oder während der Ausbruch eines solchen Krieges zu erwarten ist“.

Ausspähung und Verrat von militärischen Geheimnissen in Beziehung auf einen gegen das Deutsche Reich ausgebrochenen oder drohenden Krieg fallen, da sie stets bestimmt sind, der feindlichen Macht Vorschub zu leisten oder unserer Nachteil zuzufügen, unter § 106 des Vorentwurfs und sind hiernach in besonders schweren Fällen mit Zuchthaus nicht unter fünf Jahren oder lebenslänglichem Zuchthaus zu bestrafen. Auf Ausspähung und Verrat von militärischen Geheimnissen, welche nicht in Beziehung auf einen gegen das Deutsche Reich ausgebrochenen oder drohenden Krieg geschehen, sowie auf Ausspähung oder Verrat von Staatsgeheimnissen, die nicht militärischer Art sind, finden die §§ 108—110 des Vorentwurfs Anwendung. In diesen Paragraphen hat der Vorentwurf den § 92 N. 1 StGB. mit den Bestimmungen des Reichsgesetzes gegen den Verrat militärischer Geheimnisse vom 3. Juli 1893 vereinigt.

Letztere, an die sich der Vorentwurf im ganzen hält, werden *Vergl. Darst.* S. 82 und Begründung S. 440 als durchdacht und wohlgelungen bezeichnet. Das trifft meines Erachtens nur insofern zu, als sie theoretisch fein ausgearbeitet sind und infolgedessen keine Lücke lassen, durch welche sich strafwürdige Handlungen der Bestrafung entziehen. Aber gerade deshalb sind sie andererseits nach der Richtung gefährlich, daß Handlungen darunter fallen, die nach allgemeinem Rechtsgefühl nichts Strafbares enthalten und deren Bestrafung der Gesetzgeber auch gar nicht im Auge gehebt hat. Zudem geben sie keine dem Leben entsprechende und dem Volke verständliche Darstellung des Tatbestandes, stellen Handlungen von sehr verschiedener Strafwürdigkeit in den nämlichen Strafrahmen und heben die tatsächlichen Momente nicht heraus, welche die Strafbemessung für die verschiedenartigen Fälle bestimmen müssen.

Nicht nur der schwerste, sondern auch der begriffsmäßig grundlegende Fall ist die im Frieden geschehende Spionage, die Ausspähung von militärischen und sonstigen Staatsgeheimnissen und der dann auch tatsächlich erfolgte Verrat der Geheimnisse. Dieser Fall, der an die Spitze der Bestimmung gehört, wird im Vorentwurf nach dem Vorgang des Reichsgesetzes gar nicht besonders aufgeführt, sondern unter allgemeine Strafbestimmungen gestellt, die zugleich weit harmlosere Handlungen umfassen. Einesteils unter Abs. 3 des § 108, welcher denjenigen mit Zuchthaus nicht unter zwei Jahren, bei mildernden Umständen mit Haft von sechs Monaten bis zu fünf Jahren bedroht, der derartige Geheimnisse in den Besitz oder zur Kenntnis eines anderen gelangen läßt, obschon er weiß, daß dadurch das Wohl, insbesondere die Sicherheit des Reichs oder eines Bundesstaats gefährdet wird. Anderenteils unter Abs. 3 des § 110, der denjenigen mit Zuchthaus bis zu zehn Jahren, bei mildernden Umständen mit Haft von drei Monaten bis zu fünf Jahren bedroht, der sich solche Gegenstände in der Absicht verschafft, davon zu einer das Wohl, insbesondere die Sicherheit des Reichs oder eines Bundesstaats gefährdenden Mitteilung an andere Gebrauch zu machen. Gefährdet kann das Wohl und die Sicherheit des Reichs durch das Sichverschaffen derartiger Nachrichten oder Gegenstände oder deren Mitteilung an andere schon in dem Falle sein, daß die Aufbewahrung der Gegenstände oder Nachrichten nicht sicher, oder derjenige, dem die Mitteilung gemacht wird, nicht zuverlässig genug ist. Das Strafmaximum ist für solche Fälle viel zu hoch, das Strafminimum dagegen für die Fälle, in welchen der Täter die Gegenstände oder Nachrichten an einen fremden Staat verrät oder verraten will, viel zu niedrig.

Die Bestimmungen der §§ 108—110 des Vorentwurfs haben auch den ferneren Fehler, daß sie gegen den Ausländer, der die Geheimnisse für seinen Staat ausspäht und an seinen Staat verrät, den gleichen Strafrahmen aufstellen wie gegen den Deutschen. Ein Deutscher, der Geheimnisse des Deutschen Reichs oder eines Bundesstaats ausspäht oder verrät und dadurch sein Vaterland in große Gefahr bringt, verdient für solche ehrlosen und ruchlosen Handlungen eine der schwersten Strafen. Und zwar auch dann, wenn der Deutsche die Tat im Frieden begeht. Ein Verrat im Frieden kann beim Feinde den Entschluß zur Unternehmung des Krieges hervorrufen oder ihm die wertvollsten Mittel zur künftigen Führung eines solchen in die Hand geben. Spionage und Verrat des Ausländers zugunsten seines Staates ist im geschädigten Staat strafbar, aber zwischen den Staaten nicht völkerrechtswidrig.

Jeder Staat spioniert gegen den andern. Spionage zugunsten des eigenen Staats ist in dessen Augen ein Verdienst und in den Augen des geschädigten Staats auf keinen Fall etwas Unehrenhaftes und muß daher geringer, insbesondere mit Haft an Stelle von Zuchthaus, bestraft werden. In gleichem Sinne van Calker, *Vergl. Darst.* S. 90 am Schluß.

Der Verrat ohne vorherige Spionage, also der Verrat von Geheimnissen, die der Verräter nicht zum Zwecke des Verrats ausgespäht oder sich verschafft hat, ist im allgemeinen weniger schuldhaft und geringer, insbesondere nicht mit lebenslänglichem Zuchthaus oder lebenslänglicher Haft, zu bestrafen. Jedoch gilt dies nicht für den Fall, daß ein deutscher Beamte die ihm amtlich anvertrauten oder zugänglichen Geheimnisse verrät.

Es folgt dann die ohne die Absicht des Verrats geschehene Mitteilung derartiger Geheimnisse und dementsprechend das ohne die Absicht des Verrates geschehene Ausspähen und Sichverschaffen derartiger Geheimnisse zur Mitteilung an andere. In beiden Fällen ist das Bewußtsein des Täters vorausgesetzt, daß durch die Mitteilung das Wohl, insbesondere die Sicherheit des Reichs gefährdet wird.

Wenn weiterhin im Abs. 1 des § 108 auch noch die vorsätzliche Mitteilung an andere gestraft wird, die ohne dieses Bewußtsein geschieht, so ist auch das im Hinblick auf die hohe Bedeutung der Güter, die durch eine solche wenn auch völlig harmlos gemachte Mitteilung in Gefahr geraten können, zu billigen.

Dagegen geht meines Erachtens die Strafbestimmung des § 110 Abs. 1 zu weit, wonach selbst jeder, der sich vorsätzlich und rechtswidrig den Besitz derartiger Geheimnisse verschafft, bestraft wird, auch wenn er deren Mitteilung an andere gar nicht beabsichtigt. Rechtswidrigkeit ist nach Begründung S. 444 nur ausgeschlossen, wenn der Täter eine besondere Befugnis hatte, sich die Geheimnisse zu verschaffen. Also auch die Sammlung solcher Nachrichten oder Gegenstände aus Neugierde oder im wissenschaftlichen Interesse ist strafbar. Dabei gibt die Begründung und ebenso Stengleins Kommentar zu den Nebengesetzen Anm. 1 u. 3 zu § 4 ausdrücklich zu, daß die Strafbestimmung auch dazu dienen soll, die Fälle zu treffen, in welchen die Absicht, von den gesammelten Nachrichten oder Gegenständen zu einer Ruhe oder Sicherheit des Reichs gefährdenden Mitteilung an andere Gebrauch zu machen, sich nicht erweisen lasse, deren Annahme aber nahe liege. Da wären wir dann glücklich wieder an der Verdachtsstrafe angelangt, der man doch in einem modernen StGB. nicht mehr begegnen sollte.

Gegen die Strafbestimmung des § 109, welche den deutschen Beamten straft, der fahrlässig Gegenstände oder Nachrichten solcher Art, die ihm amtlich anvertraut oder zugänglich sind, in einer das Wohl, insbesondere die Sicherheit des Reichs oder eines Bundesstaats gefährdenden Weise in den Besitz eines andern gelangen läßt, dürfte nichts zu erinnern, hier aber, wie in § 108 Abs. 1 statt des „in den Besitz oder zur Kenntnis eines andern gelangen lassen“ ein allgemeinverständlicher, mehr aus dem Leben gegriffener Ausdruck zu wählen sein.

Gegen den § 111 des Vorentwurfs, der nach dem Vorgang des StGB. (§ 83) Verabredungen mehrerer (Komplotte) zum Zwecke der Begehung eines bestimmten Verbrechens der im § 108 Abs. 3 und § 110 Abs. 3 bezeichneten Art unter Strafe stellt, finde ich nichts zu erinnern.

Desgleichen dürfte der neue, sich an mehrere ausländische Gesetzgebungen, insbesondere an das französische Gesetz vom 18. April 1886 anlehnende § 112 als Schutz gegen das Umhertreiben von der Spionage verdächtigen Personen in der Nähe militärischer Anlagen zu billigen sein. Der das unbefugte Betreten militärischer Anstalten unter Strafe stellende Paragraph des Reichsgesetzes ist unter die Übertretungen aufgenommen (Vorentwurf § 306 Nr. 7).

Der § 113, auf den die oben bei § 104 abgelehnte Bezeichnung „diplomatischer Landesverrat“ paßt, gibt die Bestimmungen des StGB. in § 92 Nr. 2 u. 3 über landesverräterische Beweisvernichtung und Untreue wieder. Die Fassungsänderungen wie die Strafmilderung sind gerechtfertigt.

Die Vorschrift des § 93 StGB., die bei Untersuchungen gegen Hochverrat und Landesverrat die Beschlagnahme des Vermögens des Beschuldigten für zulässig erklärt, hat der Vorentwurf als in die StPO. gehörig nicht aufgenommen. Dagegen führt er im § 114 Abs. 1 die Fälle des Landesverrats auf, in welchen neben Haft oder Gefängnisstrafe von mindestens sechs Monaten auf den Verlust der bekleideten öffentlichen Ämter sowie der aus öffentlichen Wahlen hervorgegangenen Rechte erkannt werden kann. Es ist auffallend, daß sich darunter nicht auch der § 113 befindet.

Der § 53 des Vorentwurfs läßt die Beschränkung des Aufenthalts an bestimmten Orten für Verurteilte, deren Aufenthalt an diesen Orten mit einer besonderen Gefahr für einen andern oder für die öffentliche Sicherheit verbunden sein würde, neben der Zuchthausstrafe stets, neben mindestens einjähriger Gefängnisstrafe dagegen nur in den vom Gesetze besonders bestimmten Fällen zu. Mit Rücksicht hierauf bestimmt der Abs. 2 des § 114, daß die Beschränkung des Aufenthalts bei dem aus § 111 Abs. 1 strafbaren Komplott der Spionage und des Verrats Anwendung finden, was durchaus angebracht ist.

---

3. Abschnitt.

Verbrechen und Vergehen gegen die Unverletzlichkeit des Staatsoberhaupts.

Die Überschrift dieses Abschnitts, der die Strafbestimmungen für Tätlichkeiten und Beleidigungen gegen das Staatsoberhaupt und dessen Familie enthält, dürfte vom Volke nicht verstanden werden. „Unverletzlich" nennt der Sprachgebrauch des Volkes denjenigen, der nicht verletzt werden kann. Die Bezeichnung als „unverletzlich" für denjenigen, der nicht verletzt werden darf und die Anwendung des Wortes „Unverletzlichkeit" im Sinne von „Unversehrtheit" (Integrität) ist nicht allgemein gebräuchlich und verständlich. Es empfiehlt sich, den Abschnitt zu überschreiben „Tätlichkeiten und Beleidigungen gegen das Staatsoberhaupt und seine Familie".

Daß das Ansehen und die Würde, die mit der Ausübung der höchsten Gewalt verbunden sind und in staatlichem Interesse unversehrt erhalten werden müssen, es nicht zulassen, Tätlichkeiten und Beleidigungen des Staatsoberhauptes ebenso zu behandeln wie die Tätlichkeiten und Beleidigungen anderer Personen, ist unbestreitbar und in den Strafgesetzgebungen aller monarchischer Staaten anerkannt (Begr. S. 450).

Die Unterscheidung zwischen den Tätlichkeiten und Beleidigungen gegen den eigenen Landesherrn und denjenigen gegen andere Bundesfürsten und den Regenten eines Bundesstaats läßt der Vorentwurf wie beim Hochverrat und aus den nämlichen Gründen fallen. Auch hier würde ich statt „gegen den Kaiser oder einen andern Bundesfürsten oder gegen den Regenten" sagen: „gegen den Kaiser, einen Bundesfürsten oder den Regenten".

Unter Tätlichkeiten sind im § 115 Vorentwurf wie in den §§ 96, 98 und 100 StGB. sowohl Körperverletzungen als Realinjurien verstanden. Die Strafen sind gemildert. Es ist das wegen der nunmehrigen Gleichstellung sämtlicher Bundesfürsten mit dem Kaiser und dem eigenen Landesherrn und mit Rücksicht darauf angezeigt, daß die Tätlichkeiten, durch welche der Herrscher an der Ausübung der Herrschergewalt gehindert werden soll, hier als unter den Hochverrat (§ 101 Nr. 1) fallend ausscheiden. Bei den Tätlichkeiten gegen das Staatsoberhaupt ist, weil dadurch stets nicht nur die Person des Herrschers, sondern auch seine Würde und in ihr die Autorität des Staats, wie nicht minder das Nationalgefühl des Volkes auf das schwerste verletzt wird, ein Strafantrag nicht zu fordern, wie es im allgemeinen die §§ 233 Abs. 1 und § 264 Abs. 1 Vorentwurf für Körperverletzungen und Beleidigungen tun. Der Vorentwurf hat dies nicht ausdrücklich ausgesprochen; es dürfte aber von selbst daraus folgen, daß die Körperverletzungen und Realinjurien gegen das Staatsoberhaupt unter der zusammenfassenden Bezeichnung: „Tätlichkeiten gegen das Staatsoberhaupt" als ein besonderes Delikt aufgestellt worden sind.

Bezüglich der Beleidigung des Staatsoberhaupts — Majestätsbeleidigung — hat der § 116 des Vorentwurfs im großen Ganzen die Vorschriften des am 17. Februar 1908 ergangenen Reichsgesetzes (RGB. S. 25) angenommen. Man hat laut Begr. S. 453 keinen Anlaß gefunden, von diesem erst ganz kürzlich zustande gekommenen Willensausdrucke der gesetzgebenden Faktoren im Reiche abzugehen. Ich vermag dem nicht zuzustimmen, halte vielmehr eine eingehende Prüfung der Fassung, welche gedachtes Gesetz dem § 95 StGB. gegeben hat, für um so nötiger, als die Motive dieses Gesetzes ausdrücklich die Frage, wie weit die Bestrafung der Majestätsbeleidigung einer grundsätzlichen Neuregelung zu unterziehen ist, der bereits eingeleiteten allgemeinen Revision des StGB. vorbehalten (RtStenB. XII. Legislativperiode I. Session Anl. B. 241 Nr. 348 S. 1959). Zudem hat zwar das Bestreben des Reichsgesetzes, die Strafverfolgungen wegen Majestätsbeleidigung einzuschränken, allseitig Anerkennung, die Art, wie das RG. diese Beschränkung zu erreichen sucht, aber vielfach Widerspruch gefunden.

Die Bestimmungen des StGB. über die Majestätsbeleidigung hatten in manchen Fällen zu Strafurteilen geführt, die dem allgemeinen Rechtsbewußtsein nicht entsprachen. Indem das StGB. als Majestätsbeleidigung jede Äußerung unter Strafe stellte, die einen beleidigenden Inhalt hat, nötigte es in Verbindung mit dem das Strafverfahren beherrschenden Legalitätsprinzip zur strafrechtlichen Ahndung auch in solchen — keineswegs seltenen — Fällen, in denen die Bestrafung weder durch das Staatsinteresse, noch auch durch die Rücksicht auf die beleidigte fürstliche Person gefordert wurde. Insbesondere trat immer mehr der Mißstand hervor, daß die verhältnismäßig hohen Strafen der Majestätsbeleidigung auch gegen Personen verhängt werden mußten, welche die beleidigende

Äußerung ohne das volle Bewußtsein von ihrer Tragweite getan hatten. Diese Erwägungen gaben Anlaß zu den Kaiserlichen Erlassen vom 27. Januar und 25. Februar 1907, durch welche für Preußen und Elsaß-Lothringen Anordnungen über die Handhabung des landesherrlichen Begnadigungsrechts bei Majestätsbeleidigung getroffen wurden und führten weiterhin zu dem Entwurf des Reichsgesetzes über die Bestrafung der Majestätsbeleidigung. Nach den Allerhöchsten Erlassen soll keine Begnadigung eintreten, wenn die Täter sich der Beleidigung mit Vorbedacht und in böser Absicht und nicht bloß aus Unverstand, Unbesonnenheit und Übertreibung oder sonst ohne bösen Willen schuldig gemacht haben. Nach dem Entwurf sollte die Majestätsbeleidigung einesteils nur dann strafbar sein, wenn sie böswillig und mit Vorbedacht begangen wurde und andernteils die Verfolgung, sofern die Beleidigung nicht öffentlich begangen ist, nur mit Genehmigung der Landesjustizverwaltung eintreten. Auch sollte, um von vornherein den unlautern Machenschaften den Boden zu entziehen, zu denen nicht selten die Kenntnis einer schon vor langer Zeit begangenen Majestätsbeleidigung Gelegenheit biete, die Verjährungszeit für die Verfolgung einer Majestätsbeleidigung, die gemäß der allgemeinen Vorschrift des § 67 StGB. fünf Jahre betrug, auf die Dauer von sechs Monaten herabgesetzt werden, welche für Preßvergehen und damit auch für Majestätsbeleidigung durch die Presse gilt. In der Kommission, wie im Plenum des Reichstags (RT.Verh.B. 230 S. 2594 und 2668) fand die Verkürzung der Verjährungszeit allgemeinen, die Abhängigmachung der Verfolgung nichtöffentlicher Majestätsbeleidigungen von der Genehmigung der Landesjustizverwaltung keinen Beifall. Was die Beschränkung der Strafbarkeit betrifft, so stieß die Fassung des Entwurfs vielfach auf Bedenken. Man erachtete die Qualifizierung einer Beleidigung als „böswillig und mit Vorbedacht begangen“ für zu unbestimmt und schlug eine Reihe anderer Fassungen vor. Schließlich wandelte man „Vorbedacht“ in „Überlegung“ um und fügte „die Absicht der Ehrverletzung“ hinzu, nicht ohne daß auch diese Fassung als wenig befriedigend angesehen wurde. In der Tat ist diese vom Vorentwurf beibehaltene Fassung in der Rechtsprechung schlecht verwendbar; einerseits wegen des Unbestimmten und Schwankenden der aufgestellten Merkmale und andererseits deshalb, weil es sich dabei um Willensrichtungen des Täters handelt, die sich im einzelnen Falle schwer feststellen lassen. Was sich für die Entscheidung, ob der Täter zu begnadigen sei, recht gut eignen mag, ist darum nicht auch für die Beurteilung der Schuld durch den Richter brauchbar.

Ist hiernach die von dem Vorentwurf nach dem Vorgang des Reichsgesetzes aufgestellte Unterscheidung von Beleidigungen des Staatsoberhaupts, die in der Absicht der Ehrverletzung böswillig und mit Überlegung begangen sind, keine glückliche, so ist überdies auch die Bedeutung, die Reichsgesetz und Vorentwurf dieser Unterscheidung beilegen, eine viel zu große. Bekanntlich war es nach der ursprünglichen Fassung des StGB. eine Zeit lang streitig, ob die Majestätsbeleidigung nur ein qualifizierter — höher bestrafter — Fall des allgemeinen Vergehens der Beleidigung oder ein besonderes Delikt sei. Ersterenfalls waren auf sie die allgemeinen Vorschriften über Beleidigung anzuwenden. Insbesondere war dann zur Verfolgung der Majestätsbeleidigung ein Strafantrag des beleidigten Staatsoberhaupts erforderlich, bei ihrer Aburteilung der Beweis der Wahrheit, die Berufung auf ein rechtliches Interesse und die Aufrechnung wechselseitiger Beleidigungen zulässig. Die Rechtsprechung hatte sich schließlich dahin festgestellt, daß die Majestätsbeleidigung ein besonderes Delikt bilde und demgemäß gedachte allgemeine Vorschriften über Beleidigungen nicht darauf anwendbar seien (Olshausen B. I N. 7 zu § 95). Das Reichsgesetz und der Vorentwurf belassen nur denjenigen Beleidigungen eines Staatsoberhaupts, die in der Absicht der Ehrverletzung böswillig und mit Überlegung begangen werden, als Majestätsbeleidigungen die Eigenschaft eines besonderen Delikts, unterwerfen dagegen diejenigen Beleidigungen eines Staatsoberhaupts, bei welchen diese Merkmale nicht zutreffen, den allgemeinen Vorschriften über Beleidigungen. Bezüglich der Aufrechnung bei wechselseitigen Beleidigungen besteht in diesem Punkte ein Unterschied zwischen Vorentwurf und Reichsgesetz, indem der Vorentwurf die Aufrechnung wechselseitiger Beleidigungen überhaupt fallen läßt (Begr. S. 720). Eigentümlicherweise haben Reichsgesetz und Vorentwurf auch die kürzere — sechsmonatige — Verjährungszeit nur für diese schwereren — unter den Begriff der Majestätsbeleidigung gebrachten — Fälle der Beleidigung eines Staatsoberhaupts aufgestellt. Dadurch, daß der Vorentwurf am Schluß des § 116 den Absatz 2 mit aufführt, läßt er in diesen schweren Fällen nach Ablauf der sechsmonatigen Verjährungszeit die Aburteilung auf Grund der allgemeinen, eine längere Verjährungszeit aufstellenden Bestimmungen über Beleidigungen zu. Diese in der Begründung weder motivierte, noch auch nur hervorgehobene Änderung des Reichsgesetzes dürfte auf keinen Fall zu billigen sein.

Meines Erachtens geht es aber überhaupt nicht an, lediglich nach der Schwere der subjektiven Verschuldung einen Unterschied zwischen den Beleidigungen eines Staatsoberhaupts mit der Wirkung zu machen, daß die Fälle von schwererer subjektiver Verschuldung ein anderes Delikt bilden als die übrigen Fälle. Die verschiedenen Delikte müssen sich nach dem verschiedenen objektiven Tatbestand unterscheiden. Die schwereren Grade der subjektiven Schuld können nur eine für die Höhe der Strafe maßgebende Qualifikation des nämlichen Delikts bilden. So ist es auch bei allen sonstigen Delikten geordnet.

Will man aus den Beleidigungen eines Staatsoberhaupts nach dem objektiven Tatbestand zwei verschiedene Delikte bilden, so könnte das nur in der Weise geschehen, daß man, wie van Calker S. 93 und 108—112 unter Bezugnahme auf mehrere andere anerkannte Strafrechtslehrer vorschlägt, unterscheidet: als einen qualifizierten strafschärfenden Fall des allgemeinen Vergehens der Beleidigung die gegen die Ehre des Fürsten als Privatmann gerichtete Beleidigung und als besonderes schwereres Delikt die gegen seine Würde als Träger der Staatsgewalt gerichtete Majestätsbeleidigung. Ich muß mich auch gegen eine derartige Unterscheidung und entsprechende verschiedene Behandlung der Beleidigungen eines Staatsoberhaupts aussprechen. Eine Beleidigung des Staatsoberhaupts als Privatmann trifft in der Person des Fürsten stets zugleich auch seine Würde als Herrscher und kann den Staat wie das Nationalgefühl des Volkes unter Umständen auf das Schwerste verletzen. Der Beweis der Wahrheit und die Berufung auf ein berechtigtes Interesse muß in beiden Fällen ausgeschlossen sein. Zudem wird meist sehr schwer im praktischen Leben festzustellen sein, ob sich die Beleidigungen eines Landesherrn lediglich gegen ihn als Privatmann oder zugleich gegen seine Würde als Herrscher richten. Endlich kann im einzelnen Falle eine gegen die Handlungen des Staatsoberhaupts als Herrscher oder gegen seine politische Anschauung gerichtete Beleidigung weit weniger strafbar erscheinen als eine gegen die Person des Herrschers gerichtete Beleidigung, auch deren Verfolgung als weit weniger geboten oder selbst dem Staatsinteresse zuwiderlaufend erscheinen. Die dringend wünschenswerte Verminderung der Verfolgungen von Majestätsbeleidigungen muß meines Dafürhaltens außer durch die allgemeine Kürzung der Verjährungszeit auf dem Wege erzielt werden, daß die Verfolgung von einer Vorprüfung der Umstände des einzelnen Falles abhängig gemacht wird. Jedoch nicht, indem man zur Verfolgung, wie bei der Beleidigung der Privatpersonen, einen Strafantrag des Beleidigten verlangt; es ist kränkend für den Landesfürsten, wenn ihm zu seiner Entschließung über Stellung des Strafantrages von allen gegen ihn ausgestoßenen Beleidigungen Mitteilung gemacht wird und es ist bloßstellend für ihn, wenn dem Beleidiger mitgeteilt wird, daß in seinem Falle der Fürst die Verfolgung verlangt habe. Das Richtige dürfte sein, die Stellung des Strafantrages in die Hand einer Staatsbehörde zu legen, die sich nach Lage des einzelnen Falles und gemäß den ihr bekannten allgemeinen Intentionen des Staatsoberhaupts entscheidet. In gleichem Sinne hatte früher eine ganze Reihe deutscher Staaten Bestimmung getroffen (*Vergl. Darst.* S. 98). Als solche würde ich nach dem Vorgange der meisten dieser Staaten die höchste Behörde der Justizverwaltung wählen, und zwar des Landes, dessen Landesherr der Beleidigte ist. Auch der Entwurf des Reichsgesetzes vom 17. Februar 1908 hatte, wie schon erwähnt, für die Verfolgung öffentlicher Beleidigungen des Staatsoberhauptes die Genehmigung der Landesjustizverwaltung verlangt. Im Reichstag ist diese Bestimmung anscheinend deshalb abgelehnt worden, weil man fürchtete, die Gerichte könnten infolge der Genehmigung der ihnen vorgesetzten höchsten Behörde zur Verurteilung neigen. Diese Befürchtung dürfte kaum ernst zu nehmen sein, zumal die Sache in der Verhandlung oft ein ganz anderes Aussehen gewinnen wird, als sie bei Genehmigung der Verfolgung hatte. Dabei muß übrigens bestimmt werden, daß der Antrag zurückgenommen werden kann.

Was bezüglich der Tätlichkeiten und Beleidigungen gegen das Staatsoberhaupt gilt, muß ebenso auch bezüglich der Tätlichkeiten und Beleidigungen gegen die Mitglieder seines Hauses gelten. Mit Recht heißt es S. 450 der Begr., daß sich im monarchischen Staat das Ansehen des Herrschers auf seine Familie übertrage und die diesen zugefügten Tätlichkeiten und Beleidigungen unmittelbar auch den Herrscher träfen. Nur muß der Strafrahmen hier niedriger sein.

4. Abschnitt.

Verbrechen und Vergehen in Beziehung auf die Ausübung staatsbürgerlicher Rechte.

Dieser 4. Abschnitt des Vorentwurfs enthält in den §§ 118 bis 122 die Strafbestimmungen, welche das StGB. im 5. Abschnitt §§ 105—109 unter der gleichen Überschrift gibt, während der 4. Abschnitt des StGB. „feindliche Handlungen gegen befreundete

Staaten" §§ 102—104 im Vorentwurf als 5. Abschnitt hinter den 4. Abschnitt gestellt ist. Die Umstellung dürfte unzweckmäßig sein, da der 4. Abschnitt des StGB. nur solche Strafhandlungen gegen auswärtige Staaten betrifft, die als Strafhandlungen gegen das Reich und deutsche Staaten in den Abschnitten 1 und 3 mit Strafe bedroht sind, sich aber auf kein Verbrechen oder Vergehen bezieht, das im 5. Abschnitt des StGB. aufgeführt ist.

Der § 105 StGB. umfaßt die Handlungen, durch welche gesetzgebende Versammlungen an der Ausübung ihrer Befugnisse gehindert werden und zugleich eine Art der Hinderung von Mitgliedern solcher Versammlungen an der Ausübung ihrer Befugnisse — die gewaltsame Entfernung von Mitgliedern aus der Versammlung. Der § 106 bestraft die übrigen Hinderungen der Mitglieder an ihrer Tätigkeit. Die Strafen des § 105 sind weit höher als die des § 106. Daß der § 118 des Vorentwurfs sämtliche Arten der Hinderungen von Mitgliedern gesetzgebender Versammlungen an ihrer Tätigkeit zusammenfaßt und unter das gleiche Strafmaß stellt, ist zu billigen. Dagegen halte ich die Zusammenfassung der Hinderung von gesetzgebenden Versammlungen und der Hinderung von Mitgliedern solcher Versammlungen in einem Paragraphen und dem nämlichen Strafrahmen für ungerechtfertigt, bin vielmehr der Ansicht, daß erstere als hochverräterische Handlung in den § 101 des Vorentwurfs gehört und die in diesem vorgesehene Strafe von lebenslänglichem Zuchthaus oder lebenslänglicher Haft, bei mildernden Umständen von Zuchthaus oder Haft nicht unter fünf Jahren verdient. Der gegen ein Mitglied angewandte Zwang ist zwar mittelbar auch ein solcher gegen die Versammlung (Begr. S. 455), aber er ist nicht auf eine Hinderung der Versammlung an ihrer verfassungsmäßigen Tätigkeit, sondern nur darauf gerichtet, das einzelne Mitglied an seinem Mitarbeiten in der Versammlung zu hindern, deren Fortarbeiten der Täter voraussetzt. Ein Staatsstreich, der die gesetzgebende Versammlung an der Ausübung ihrer verfassungsmäßigen Tätigkeit hindert, ist mit dem Attentat, das den Kaiser oder den Landesherrn an der Ausübung der Herrschergewalt hindert, nicht nur verwandt, sondern ein Gegenstück zu ihm, und beide Angriffe auf den Staat sind unter Umständen gleich gefährlich und gleich strafwürdig. Eine grundsätzliche Verschiedenheit, wie die Begr. S. 456 meint, ist zwischen ihnen nicht vorhanden.

Die kasuistische Gestaltung der §§ 105 und 106 hat der Vorentwurf im § 118 zweckmäßig nach dem Vorschlag von Mayer, *Vergl. Darst.* S. 275 und in Anlehnung an das norwegische und das italienische StGB. durch eine allgemeine Fassung ersetzt, welche die Hinderung einer gesetzgebenden Versammlung oder ihrer Mitglieder an der freien Ausübung ihrer Befugnisse bestraft. Als Strafrahmen im § 118 genügt, wenn man meinem Vorschlag gemäß die Hinderung gesetzgebender Versammlungen als Hochverrat ausscheidet, der Strafrahmen des § 106 StGB.

Daß der Vorentwurf bei den Hinderungsmitteln an Stelle der „Bedrohung mit einer strafbaren Handlung“ die „Bedrohung mit Gewalt“ setzt, ist gleichfalls zu billigen.

Wegen des Zweifels, ob der Begriff des „Unternehmens“ einesteils den Versuch mitumfaßt und anderenteils nicht weiter hinuntergeht, ist, wie im § 101, eine Änderung der Fassung zweckmäßig. Es muß aber meinem Vorschlag zu § 101 gemäß, damit auch die vollendete Tat von der Strafbestimmung umfaßt werde, statt: „wer versucht, — wird bestraft“ gesagt werden: „Wer unternimmt, — wird, auch wenn es nur bis zum Versuch gekommen ist, bestraft“.

Mit Recht sieht der Vorentwurf davon ab, neben den gesetzgebenden Versammlungen noch besonders, wie es die §§ 105 und 106 StGB. tun, die Senate und Bürgerschaften der freien Hansestädte aufzuführen. Die Begr. meint S. 455 Anm. 1: Da letztere durch ihr Zusammenwirken Gesetze zu beschließen hätten, seien sie als gesetzgebende Versammlungen anzusehen. Das dürfte zwar bei den Senaten, soweit sie als Verwaltungsbehörden tätig sind, nicht zutreffen, in solchen Fällen aber ein weiterer Schutz, als er für sie in den allgemeinen Strafbestimmungen und dem für Behörden geltenden § 114 StGB. und § 129 Vorentwurf gegeben ist, nicht erforderlich sein.

Auch darin ist dem Vorentwurf beizupflichten, daß er es a. a. O. ablehnt, die Bestimmung, wie Mayer S. 296 und 301 nach dem Vorgang der Niederlande vorschlägt, auf andere politische Körperschaften, insbesondere die Gemeindevertretungen, auszudehnen.

Die verhältnismäßig schweren Strafandrohungen des Paragraphen sind in der Tat nur bezüglich der gesetzgebenden Versammlungen gerechtfertigt, die doch von viel höherer staatlicher Bedeutung sind. Auch ist die Gefahr, daß „in Zeiten politischer Erregung Angriffe auf Gemeindevertretungen erfolgen“, lange nicht so groß wie bei den gesetzgebenden Versammlungen und, was die Begr. mit Recht geltend macht, bisher für die Gemeindevertretungen das Bedürfnis nach einem stärkeren Schutz, als er ihnen durch die allgemeinen Strafbestimmungen gewährt ist, nicht hervorgetreten. Dagegen erstreckt der § 119 des Vorentwurfs die Strafbestimmung gegen die Hinderung eines Wahlberechtigten nicht nur auf die Wahlen zu einer gesetzgebenden Versammlung, sondern ausdrücklich auch auf die Wahlen zu anderen politischen Körperschaften. Bei § 107 StGB., soweit er die Hinderung, in Ausübung der staatsbürgerlichen Rechte zu wählen, unter Strafe stellt, ist dies streitig. Der Ausdruck „politische Körperschaft“ kommt schon jetzt im § 197 StGB. vor. Olshausen N. 2 versteht darunter im Anschluß an RG. III 14. Dez. 1882 E. 7. 382 eine Mehrheit von Personen, die, ohne Behörde zu sein, in einer vom Reichs- oder Staatsrecht anerkannten Weise für Rechts- oder Staatszwecke tätig ist, und schließt die Gemeindevertretungen ein, die kirchlichen Körperschaften aus. Die Begr. S. 254 tritt für den § 119 dieser Auslegung bei. Daß aber der Begriff feststehe und es für die Rechtsprechung keiner besonderen Richtschnur bedürfe, vermag ich nicht zuzugeben und erachte es demgemäß als geboten, hier oder im § 12 eine Bestimmung des Begriffs aufzunehmen oder besser, da es sich nur um die Gemeindevertretungen handelt, im § 119 diese Bezeichnung statt „andere politische Körperschaften“ anzuwenden. Daß die Gemeindewahlen, ebenso wohl wie die Wahlen zu gesetzgebenden Versammlungen, des Schutzes bedürfen, ist meines Erachtens zuzugeben.

Der § 119 spricht mit Recht von der Hinderung an der freien Ausübung des Wahlrechts statt von der Hinderung zu wählen, damit — was nach der jetzigen Fassung des § 107 zweifelhaft ist (Olshausen Nr. 3 und 4, Mayer S. 278) — auch die Hinderung eines Wahlberechtigten, sich der Wahl zu enthalten oder in einem bestimmten Sinne zu wählen, unter den Paragraphen fällt.

Daß der § 119 nur „deutsche Körperschaften“ im Auge hat, folgt aus seinem Zusammenhang mit § 118, wo dies ausdrücklich gesagt ist. Deshalb durfte der Vorentwurf es für unnötig halten, als das Objekt der Straftat einen Deutschen zu bezeichnen.

Wenn der Vorentwurf den Versuch der Hinderung eines Wahlberechtigten nicht bloß wie § 107 StGB. bestraft, sondern der vollendeten Tat gleichstellt, so vermag ich dieser Änderung nicht zuzustimmen. Die Hinderung eines zu einer gesetzgebenden Versammlung oder einer Gemeindevertretung Wahlberechtigten an der Ausübung seines Wahlrechts im § 119 ist keineswegs mit der Hinderung des Mitglieds einer gesetzgebenden Versammlung an der Ausübung seiner Befugnisse so nahe verwandt, daß der Versuch in beiden Fällen gleich bewertet werden müßte. Die Tätigkeit des Mitglieds einer gesetzgebenden Versammlung ist viel bedeutender und weit mehr eines Schutzes bedürftig, als die eines Wählers zu einer solchen Versammlung, wie denn auch das Strafmaß ein weit höheres ist.

Neben der Wahlhinderung durch Gewalt oder Bedrohung mit einer strafbaren Handlung ist nach dem StGB. auch die Wahlhinderung seitens eines Beamten durch Mißbrauch oder Androhung eines Mißbrauchs der Amtsgewalt strafbar, und zwar gilt dafür gemäß § 339 Abs. 3 die gleiche Strafe. Der Vorentwurf hat diesen Paragraph zwar gestrichen (Begr. S. 617), aber durch die weitere Fassung des Begriffs der „Nötigung" einen derartigen Amtsmißbrauch unter die für diese bestimmte Strafe gebracht.

Auf die Wahlhinderung im § 107 StGB. folgt im § 108 die Wahlfälschung. Dieser Paragraph trifft, wie Mayer, *Vergl. Darst.* S. 282 und in seiner Abhandlung über „Bekämpfung der Wahlumtriebe durch das Strafrecht" S. 15/16 (Zeitschrift für Politik von Schmidt und Grabowsky 1909) hervorhebt, die Strafhandlung in einem zu späten Stadium, indem er nur die vollendete Fälschung bestraft. Wird z. B. ein Wahlberechtigter, der im Begriff ist, vorsätzlich zwei Zettel in die Urne zu legen, von dem Wahlleiter erwischt und daran gehindert, so ist er straflos. Ist es ihm gelungen, so wird sich regelmäßig der Täter nicht mehr entdecken und überführen lassen. Der Vorentwurf hat dem Vorschlage von Mayer gemäß diesem Fehler im § 120 dadurch abgeholfen, daß er den Versuch für strafbar erklärt.

Auch die übrigen Verbesserungen der Fassung, die gleichfalls Vorschlägen von Mayer entsprechen, sind durchaus gerechtfertigt. Einmal ist die Wahlfälschung seitens einer Person, die mit der Sammlung der Wahl- oder Stimmzettel oder mit Beurkundung der Wahlhandlung beauftragt war, als der schwerere Fall sachgemäß an die zweite Stelle gerückt und dann diese kasuistische Aufzählung der möglichen Täter des schwereren Falls durch eine zutreffende allgemeine Bezeichnung ersetzt.

Den gleichen Fehler, wie der § 108 StGB. bei der Wahlfälschung, enthält der § 109 bei Kauf und Verkauf von Wahlstimmen. Auch hier ist nach der Fassung des Paragraphen nur die vollendete Fälschung strafbar. Mit vollem Recht führt Mayer, *Vergl. Darst.* S. 347 und Abhandlung S. 15 aus, daß hiernach derjenige, der auf Stimmenverkauf ausgehe, nichts riskiere, da er entweder einer Weigerung begegne, die ihm Straflosigkeit sichere, oder einer Zustimmung, die den Zustimmenden zum Mitschuldigen mache und daher dessen Verschwiegenheit verbürge. Nach Mayers Vorschlag hat der § 121 des Vorentwurfs in Übereinstimmung mit der großen Mehrzahl der ausländischen Strafgesetze das Vergehen als „Wahlbestechung“ und zwar derartig ausgestaltet, daß einesteils wegen aktiver Wahlbestechung derjenige, der einen Wahlberechtigten für die Ausübung seines Wahlrechts Geschenke oder andere Vorteile gewährt oder verspricht, auch wenn der Wahlberechtigte sie nicht annimmt, und andernteils wegen passiver der Wahlberechtigte bestraft wird, der die Geschenke und Vorteile annimmt oder sich versprechen läßt. Dagegen ist der Vorentwurf nicht dem weiteren Vorschlage von Mayer beigetreten, wonach bei der aktiven Wahlbestechung, wie bei der aktiven Beamtenbestechung nach § 333 StGB. und § 197 Abs. 2 Vorentwurfs auch das bloße Anbieten von Geschenken oder Vorteilen bestraft werden soll. Meines Erachtens mit Unrecht. Derjenige, der eine Wahlstimme kaufen will, wird vorsichtigerweise mit einem Angebot anfangen, und sich, wenn er bei dem Wahlberechtigten kein Entgegenkommen findet, zurückziehen. Er ist dann, mag auch der Wahlberechtigte Anzeige davon machen, nach der Fassung des § 121 Vorentwurfs straflos. Geht der Wahlberechtigte auf das Angebot ein und nimmt das Geschenk oder das Versprechen des Geschenks an, so sind allerdings beide Personen strafbar, werden aber regelmäßig mangels eines straflosen Mitwissers nicht zur Anzeige und Bestrafung gelangen. Will man der Wahlbestechung wirksam zu Leibe gehen, so muß man, wie bei der Beamtenbestechung, schon das Anbieten von Geschenken oder Vorteilen bestrafen. Wenn die Begr. S. 459 geltend macht, daß es sich bei der Wahlbestechung nur um ein Recht, das nach freiem Belieben ausgeübt oder nicht ausgeübt werden könne, handele, so trifft dies nicht zu. Der Wahlberechtigte hat das ihm vom Staate übertragene Wahlrecht nicht nach freiem Belieben, sondern dann und so auszuüben, wie es gemäß seiner gewissenhaften Überzeugung für das Wohl des Ganzen das Beste ist. Tut er das nicht, so verletzt er seine Pflicht als Wahlberechtigter, und diese Pflicht ist ebensowohl eine Pflicht des öffentlichen Rechts, wie die Amtspflichten eines Beamten. Freilich bestraft das HGB. im § 317 Abs. 2 bei Abstimmungen in den Generalversammlungen von Aktiengesellschaften nur denjenigen wegen aktiver Bestechung, der Vorteile dafür gewährt oder verspricht, daß jemand in einem gewissen Sinne stimme, oder an der Abstimmung nicht teilnehme, und läßt das Anbieten ohne Strafe. Allein da handelt es sich nur um die Verletzung einer privatrechtlichen Pflicht und können auch durch die Verletzung nur Privatinteressen geschädigt werden. Daß der Vorentwurf im § 121 Abs. 2 unter das Vergehen der passiven Wahlbestechung neben dem Annehmen oder sich Versprechenlassen nicht auch, wie es bei der passiven Beamtenbestechung im § 332 StGB. und § 197 Abs. 1 Vorentwurfs geschieht, das Fordern von Geschenken oder Vorteilen bringt, ist meines Dafürhaltens zu billigen. Dazu fehlt es an einem Bedürfnis. Die Wahlbestechung eines einzelnen Wahlberechtigten hat für das Ergebnis der Wahl wohl selten Bedeutung und es wird sich ein einzelner nur dann melden und ein Geschenk für die Ausübung seines Wahlrechts fordern, wenn er schon weiß, daß die andere Seite Wahlstimmen zu kaufen bereit ist.

Ebenso beschränkt der Vorentwurf die Strafdrohung mit Recht auf den Fall, daß die Vorteile für eine zukünftige Wahl gewährt sind. Nachträgliche Beschenkung für die geschehene Ausübung eines Wahlrechts ist nur dann als Wahlbestechung zu bestrafen, wenn aus den Umständen zu ersehen ist, daß sie vor der Wahl stillschweigend versprochen war. Hier liegt die Sache bei dem Beamten anders, der eine dauernde Amtsstellung inne hat und vielleicht sehr bald wieder in die Lage kommt, dem Schenkgeber unter Verletzung seiner Amtspflichten gefällig zu sein.

Das neue Erfordernis, daß die Vorteile als Entgelt für eine Ausübung des Wahlrechts gemeint sein müsse, sichert gegen die Anwendung der Strafbestimmung auf bloße ganz unbedeutende Leistungen, welche nicht für die Ausübung des Wahlrechts bestimmend sein konnten und sollten. Nach einer weiteren Anregung von Mayer (*Vergl. Darst.* S. 344 und 347 und Abhandlung S. 15) soll die Strafbestimmung auch auf den Fall, daß jemand zur Vornahme von Wahlbestechungen gedungen wird, ausgedehnt und der Dingende wie der Gedungene bestraft werden, auch wenn es nicht bis zu einer Wahlbestechung gekommen ist. Ich trete dem durchaus bei. Die Ausführungen, mit welchen der Vorentwurf (Begr. S. 400 unten) diese Anregung zurückweist, treffen den Fall nicht. Allerdings wird eine solche Dingung eines Wahlbestechungsagenten sich selten nachweisen lassen. Allein, wenn sie — wie etwa bei späteren Streitigkeiten zwischen beiden Personen — nachgewiesen wird, erscheint eine Bestrafung im öffentlichen Interesse dringend geboten.

An einer Strafbestimmung gegen Wahlstörung fehlt es uns bis jetzt. Der § 122 des Vorentwurfs füllt die Lücke nach dem Vorgang des niederländischen StGB. und des *SchVE.* in zweckmäßiger Weise aus. Insbesondere ist es auch unzweifelhaft richtig, daß bei Verhinderung oder Vereitelung einer Wahlhandlung der Versuch der vollendeten Tat gleichgestellt wird. Nur muß die Fassung, wie in den übrigen Strafbestimmungen, die Versuch und vollendete Tat gleichstellen, so lauten, daß die vollendete Tat ausdrücklich mit getroffen wird.

Weit über die Bestimmungen, durch die das StGB. und der Vorentwurf das Wahlrecht schützen, geht Mayer hinaus, indem er Strafbestimmungen gegen Wahlbeeinflussung verlangt. Zunächst schon *Vergl. Darst.* S. 322, wo er die Nachbildung eines englischen Gesetzes (vom 6. Juli 1895) gegen den empfiehlt, der vor oder während einer Parlamentswahl falsche Nachrichten über den persönlichen Charakter eines Kandidaten oder über sein Verhalten in Privatangelegenheiten verbreitet. Sodann durchgreifender S. 19 ff. der oben bezogenen Abhandlung. Danach schlägt er unter Anlehnung an den § 105 des Norwegischen Strafgesetzbuchs vor, jeden zu bestrafen, der durch lügenhafte Vorspiegelungen oder durch andere ungebührliche Mittel Einfluß auf das Auftreten oder die Stimmabgabe eines anderen in einer öffentlichen Angelegenheit auszuüben oder jemanden von der Abstimmung abzuhalten sucht oder dazu mitwirkt. Hier dürfte der Politiker, der vom idealen Standpunkt aus vollberechtigt größere Lauterkeit der Wahl erstrebt, den Kriminalisten zu praktisch undurchführbaren Vorschlägen fortgerissen haben. „Daß ein Geistlicher, der den Wähler dadurch gefügig machen will, daß er ihm das Sakrament verweigert, nicht straflos bleibe" — allerdings — „ebensowohl von demjenigen gewünscht werden, der für die Reinheit und Freiheit der Wahl eintritt, als von jenem, der die Ehrfurcht vor der Religion und den Religionen nicht ganz verloren hat." Eine diesen Fall treffende Sonderbestimmung, wie sie in Preußen nach dem inzwischen aufgehobenen Gesetze vom 23. Mai 1873 § 3 Nr. 2 galt und in Hessen und Baden noch jetzt gilt, wäre meines Erachtens an sich durchaus gerechtfertigt, hat indes — was Mayer zugibt — schwere Bedenken. Es würden dadurch Märtyrer geschaffen und unter den Angehörigen der betreffenden Kirche gefährliche Erregungen und Bewegungen gegen den Staat und die Staatsbehörden hervorgerufen. Gewiß hat Mayer auch recht, wenn er bemerkt, daß die Anwendung von Gewalt oder Drohung, um jemanden zur Abgabe seiner Wahlstimme in einer bestimmten Richtung zu zwingen, höchst selten vorkommen, vielmehr das beliebteste Mittel, einen Wähler zu beeinflussen, die Androhung wirtschaftlicher Nachteile sei. Allein dem Vorschlag, mit Rücksicht hierauf eine so allgemeine und kautschukartige Strafbestimmung gegen die Beeinflussung von Wahlen durch lügenhafte Vorspiegelungen oder andere „ungebührliche" Mittel zu erlassen, kann ich nicht zustimmen. Selbst wenn der Richter sie noch so „verständig handhabte", würde die Handhabung in den lebhaften Parteiwahlkämpfen von der betroffenen Partei stets als ungerecht angegriffen und auf eine politische Parteinahme des Richters zurückgeführt werden. Und welch eine Fülle von Anzeigen würden nach jeder Wahl die verschiedenen Parteien gegeneinander einreichen, wenn eine derartige Strafbestimmung erlassen würde! Die eklatantesten Fälle von Androhung wirtschaftlicher Nachteile werden sich überdies aus § 240 des Vorentwurfs als Nötigung bestrafen lassen.

---

5. Abschnitt.

Verbrechen und Vergehen gegen ausländische Staaten.

Der § 123 stellt zunächst — dem § 102 StGB. entsprechend — die Handlungen der §§ 81—86 StGB. (§§ 101 und 102 Vorentwurf) unter Strafe, sofern sie gegen einen ausländischen Staat verübt sind. Dabei faßt er diese Handlungen unter der Bezeichnung hochverräterische Handlungen gegen einen ausländischen Staat zusammen. Der Paragraph will, wie dies der § 102 StGB. durch Weglassung des § 80 tut, die Angriffe auf das Leben eines ausländischen Landesherrn ausschließen, so daß auf solche die allgemeinen Strafbestimmungen anzuwenden sind. Zu dem Ende muß aber, da Angriffe auf das Leben des Landesherrn nach § 100 unter den Begriff des Hochverrats fallen, ausdrücklich bestimmt werden, daß der § 123 auf diese keine Anwendung finde. Etwa in der Form, daß hinter den Worten „hochverräterische Handlungen gegen einen auswärtigen Staat" eingeschoben wird „im Sinne der §§ 101 und 102".

Wenn meinem Vorschlage gemäß in Abschnitt 1 die Bezeichnung „Hochverrat" durch „Angriffe auf den Staat" ersetzt werden soll, so gilt das hier erst recht. Handlungen gegen einen auswärtigen Staat „Hochverrat" nennen, ist zwar „kurzwegig" (Begr. S. 462), aber der kurze Weg ist nicht gangbar.

Die ausdrückliche Hervorhebung in § 102 StGB., daß die Strafbestimmung sich auf die Tat des Inländers im In- und Auslande und auf die Tat des Ausländers im Inlande bezieht, durfte, da dies aus den allgemeinen Bestimmungen der §§ 3 und 4 Nr. 1 folgt, gestrichen werden. Es wird dadurch zugleich der von Gerland *Vergl. Darst.* S. 317 gerügte Widerspruch ausgeräumt, daß gegenwärtig die Inländer gemäß § 102 wegen im Ausland begangener Angriffe gegen ausländische Staaten bestraft werden müssen, dagegen wegen im Auslande begangener Angriffe gegen den eigenen Staat nur bestraft werden können.

Der § 123 erstreckt sich weiterhin auf die Beleidigungen gegen den Landesherrn oder Regenten eines ausländischen Staats, deren im § 103 StGB. gedacht ist. Er dehnt diese Strafbestimmungen in zweifacher Richtung aus. Einmal stellt er auch die Tätlichkeiten unter Strafe und dann zieht er nach dem Vorschlage von Gerland S. 185, 248 und 254 in den Schutz auch die Präsidenten ausländischer Republiken ein. Beides wird ungeteilte Zustimmung finden. Der angewandte Ausdruck „Oberhaupt des Staats" ist volkstümlicher, als der von Gerland S. 253 vorgeschlagene „Träger der obersten Staatsgewalt".

Die Aufstellung eines allgemeinen Strafrahmens ist gleichfalls zu billigen.

Die Schutz, den die §§ 102 und 103 StGB. dem ausländischen Staat und dessen Oberhaupt gewähren, setzt nach allgemeiner Ansicht (*Vergl. Darst.* S. 212—214) zweierlei voraus: daß der Staat von uns anerkannt ist und daß er mit uns im Frieden lebt. Die beiden Paragraphen, wie der § 123 Vorentwurfs, verlangen das nicht ausdrücklich, verlangen aber mehr: die Verbürgung der Gegenseitigkeit, und diese ist nur möglich, wenn und solange die beiden anderen Erfordernisse vorliegen.

In der Literatur wird mehrfach die Beseitigung des Erfordernisses der Gegenseitigkeit, gefordert. Insbesondere auch von Gerland S. 250. Mit Recht macht die Begr. S. 463 für die Beibehaltung geltend, daß es nicht der Würde eines großen Staats entspreche, die Angriffe gegen einen ausländischen Staat zu bestrafen, wenn dieser im umgekehrten Falle uns den gleichen Schutz verweigert.

Daß besondere Vorschriften, wann die Gegenseitigkeit als verbürgt anzusehen sei, im Vorentwurf ebensowenig, wie im StGB., enthalten sind und damit die Feststellung im einzelnen Falle den Gerichten überlassen ist, dürfte das richtige sein. Begr. S. 464. In gleichem Sinne Gerland S. 223 ff.

Wenn Gerland S. 252 eine Strafbestimmung gegen Verletzung der Neutralität für nötig hält, so könnte eine solche, wie er zugibt, nur in Form eines Blankettgesetzes ergehen, und in dieser Art ist denn auch der § 113 *OVE.* gefaßt. Die materiellen Vorschriften über die Strafung der Neutralität würden demnach erst bei Ausbruch eines Krieges zwischen den ausländischen Staaten erlassen. Da erscheint es doch besser, auch die Strafbestimmungen erst dann je nach diesen Vorschriften festzusetzen.

Der § 124 des Vorentwurfs über Beleidigung ausländischer Gesandten gibt den § 104 StGB. in zweckmäßig gekürzter Fassung wieder. Gerland verlangt S. 248 mit Recht, daß die Strafbestimmung nur für die Beleidigung der Gesandten als solche gelte, während die Beleidigung eines ausländischen Gesandten als Privatmann nach den allgemeinen Strafbestimmungen der Beleidigurg zu bestrafen sei. Es werden demgemäß in § 124 die Worte „als solchen" einzuschieben sein. Daß die Strafbestimmung bei Ausbruch eines Krieges mit dem betreffenden Staat außer Kraft tritt, braucht nicht bestimmt zu werden, da die Gesandten in solchem Falle abberufen werden.

Die Bestimmung über den Schutz von Hoheitszeichen eines ausländischen Staats, die im StGB. als § 103a den Zusammenhang zwischen den §§ 102, 103 und dem § 104 auseinanderreißt, hat der Vorentwurf zweckmäßig als § 125 an den Schluß gestellt. Ich bin aber mit Gerland S. 252 Anm. 2 der Meinung, daß die Bestimmung überhaupt nicht in vorliegenden Abschnitt gehört. Die geeignete Stelle ist nicht bei den Verbrechen und Vergehen gegen den ausländischen Staat, sondern in Abschnitt 7 bei denjenigen gegen die öffentliche Ordnung und zwar zu § 144 des Vorentwurfs (§ 135 StGB.), der die Verletzung inländischer Hoheitszeichen unter Strafe stellt.

Daß der Schutz auch während des Krieges gilt (Olshausen Anm. 1 vom Schlusse), möchte ich im Einverständnis mit der Mehrzahl der Schriftsteller verneinen, eine ausdrückliche Bestimmung des Inhalts aber für überflüssig halten, da auf jeden Fall bei Ausbruch des Krieges die Hoheitszeichen des ausländischen Staates von diesem oder unsererseits abgenommen werden.

Wenn Olshausen an derselben Stelle die Strafbestimmung nur auf die im Inlande befindlichen Hoheitszeichen des ausländischen Staats bezieht, so trete ich dem bei und möchte, da die Gegenmeinung in der Literatur mehrfach vertreten ist, wünschen, daß dies im Gesetze gesagt wird.

Hiernach empfehle ich, im Vorentwurf den § 125 zu streichen und statt dessen im § 144 hinter „Bundesfürsten" die Worte „oder ein im Inlande öffentlich angebrachtes Hoheitszeichen eines ausländischen Staats" einzuschieben.

Auf Grund vorstehender Ausführungen schlage ich vor, die besprochenen Abschnitte 1—5 folgendermaßen zu fassen. Die Streichungen sind durch [—] bezeichnet, die Einschiebungen und Änderungen gesperrt gedruckt.

1. Abschnitt.

Angriffe auf den Staat.

Angriff auf das Leben des Staatsoberhaupts.

§ 100. Ein Angriff auf das Leben des Kaisers [oder], eines [anderen] Bundesfürsten oder des Regenten eines Bundesstaats wird, wenn es auch nur bis zu einem Versuch der Tötung gekommen ist, [als Hochverrat] mit dem Tode bestraft.

Hat in Fällen, in welchen es nicht über einen Tötungsversuch hinaus gekommen ist, der Täter freiwillig die Ausführung aufgegeben oder den Eintritt des Todes abgewendet, so wird er mit Zuchthaus oder Haft nicht unter fünf Jahren bestraft.

§ 101. Wer es unternimmt, durch Gewalt oder Drohung mit Gewalt

auf die Herrschergewalt des Staatsoberhaupts.

1. den Kaiser [oder], einen [anderen] Bundesfürsten oder den Regenten eines Bundesstaats der Herrschergewalt zu berauben oder an deren Ausübung zu hindern,

auf eine gesetzgebende Versammlung.

2. eine gesetzgebende Versammlung des Reichs oder eines Bundesstaats an der freien Ausübung ihrer verfassungsmäßigen Tätigkeit zu hindern,

auf die Staatsverfassung.

3. die Grundlagen der Verfassung des Reichs oder eines Bundesstaats zu ändern,

auf das Staatsgebiet.

4. dem Reiche oder einem Bundesstaat ein zu ihm gehörendes Gebiet zu entreißen,

wird [wegen Hochverrats], wenn es auch nur bis zu einem Versuch gekommen ist, mit lebenslänglichem Zuchthaus oder lebenslänglicher Haft, bei mildernden Umständen mit Zuchthaus oder Haft nicht unter fünf Jahren bestraft.

Aufforderung u. Vorbereitung zu einem Angriff auf den Staat.

§ 102. Wer zur Begehung eines bestimmten Angriffs auf den Staat (§§ 100, 101) öffentlich vor einer Menschenmenge oder durch Verbreitung von Schriften, Abbildungen oder Darstellungen auffordert oder aufreizt, wird mit Zuchthaus bis zu zehn Jahren oder mit Haft von einem bis zu zehn Jahren, bei mildernden Umständen mit Haft von sechs Monaten bis zu fünf Jahren bestraft.

Dieselbe Strafe trifft denjenigen, welcher einen Angriff auf den Staat mit einem anderen verabredet oder durch Unterhandlungen mit einer ausländischen Regierung vorbereitet.

[Andere vorbereitende Handlungen zu einem hochverräterischen Unternehmen werden mit Zuchthaus bis zu drei Jahren oder mit Haft nicht unter drei Monaten bestraft.]

§ 103 — gleichlautend.

2. Abschnitt.

Landesverrat.

§ 104. Wer mit einer nicht-deutschen Regierung in Unterhandlung tritt, um einen Krieg gegen das Reich herbeizuführen, wird mit Zuchthaus nicht unter fünf Jahren, bei mildernden Umständen mit Haft nicht unter sechs Monaten bestraft. In besonders schweren Fällen (§ 84) ist die Strafe lebenslängliches Zuchthaus. Kriegsanstiftung.

§ 105 — gleichlautend. Kriegsdienst beim Feinde.

§ 106. Wer vorsätzlich während eines gegen das Reich ausgebrochenen Krieges oder während der Ausbruch eines Krieges gegen das Reich zu erwarten ist, der feindlichen Macht Vorschub leistet usw. Begünstigung des Feindes.

§ 107. Wer Nachrichten, Schriften, Zeichnungen oder andere Gegenstände, deren Geheimhaltung für das Wohl des Reichs oder eines Bundesstaats, insbesondere im Interesse der Landesverteidigung erforderlich ist, auspäht oder sich verschafft, um sie an einen fremden Staat zu verraten, wird, auch wenn es nicht zum Verrat gekommen ist, mit Zuchthaus bis zu zehn Jahren, bei mildernden Umständen mit Haft von sechs Monaten bis zu zehn Jahren bestraft. In besonders schweren Fällen (§ 84) ist die Strafe Zuchthaus nicht unter fünf Jahren oder lebenslängliches Zuchthaus. Ausspähung und Verrat von Staatsgeheimnissen.

Ein Ausländer, der Nachrichten oder Gegenstände solcher Art ausspäht oder sich verschafft, um sie an seinen Staat zu verraten, wird, auch wenn es nicht zum Verrat gekommen ist, mit Haft von ein bis zu zehn Jahren, bei mildernden Umständen mit Haft von sechs Monaten bis zu fünf Jahren bestraft. In besonders schweren Fällen (§ 84) ist die Strafe Haft nicht unter fünf Jahren oder lebenslängliche Haft.

§ 108. Wer Nachrichten oder Gegenstände solcher Art an einen fremden Staat verrät, ohne sie zum Zwecke des Verrats ausgespäht oder sich verschafft zu haben, wird mit Zuchthaus bis zu drei Jahren, bei mildernden Umständen mit Haft von sechs Monaten bis zu drei Jahren bestraft. In besonders schweren Fällen (§ 84) ist die Strafe Zuchthaus nicht unter fünf Jahren.

Ist der Täter ein deutscher Beamter und waren die Nachrichten oder Gegenstände ihm amtlich anvertraut oder kraft seines Amtes oder eines ihm von amtlicher Seite erteilten Auftrages zugänglich, so tritt die Strafe des § 107 Abs. 1 ein.

Ein Ausländer, der Nachrichten oder Gegenstände solcher Art an seinen Staat verrät, ohne sie zum Zweck des Verrats ausgespäht oder sich verschafft zu haben, wird mit Haft von ein bis acht Jahren, bei mildernden Umständen mit Haft von sechs Monaten bis zu vier Jahren bestraft. In besonders schweren Fällen (§ 84) ist die Strafe Haft nicht unter vier Jahren.

§ 109. Mit Gefängnis bis zu drei Jahren oder mit Haft oder mit Geldstrafe bis zu 3000 M wird bestraft, wer Nachrichten oder Gegenstände der im § 108 Abs. 1 bezeichneten Art

1. vorsätzlich einem anderen oder der Öffentlichkeit ohne die Absicht des Verrats, aber mit dem bestimmten Bewußtsein mitteilt, daß dadurch das Wohl oder die Sicherheit des Reichs oder eines Bundesstaates gefährdet wird;
2. vorsätzlich, ohne die Absicht des Verrats, sich zu dem Zwecke verschafft, von ihnen zu einer das Wohl, insbesondere die Sicherheit des Reichs oder eines Bundesstaats gefährdenden Mitteilung an andere Gebrauch zu machen.

Die gleiche Strafe trifft einen deutschen Beamten, der fahrlässig Nachrichten oder Gegenstände der im § 108 Abs. 1 bezeichneten Art, die ihm amtlich anvertraut oder kraft seines Amtes oder eines von amtlicher Seite erteilten Auftrages zugänglich sind, einem anderen oder der Öffentlichkeit offenbart.

§ 110. Mit Gefängnis oder Haft wird bestraft, wer vorsätzlich Nachrichten oder Gegenstände der im § 108 Abs. 1 bezeichneten Art einem anderen oder der Öffentlichkeit mitteilt, ohne sich bewußt zu sein, daß dadurch das Wohl, insbesondere die Sicherheit des Reichs oder eines Bundesstaats gefährdet wird.

Der Versuch ist strafbar.

§ 111. Haben mehrere ein Verbrechen der in den §§ 107 und 108 bezeichneten Art usw. bis zum Schluß des Paragraphen.

Diplomatischer Landesverrat

§ 112 gleichlautend mit § 112.

§ 113 gleichlautend mit § 113.

§ 114 (114). In den Fällen der §§ 104 bis 106, 107 Abs. 1,

108 Abs. 1 und 2 und 113 kann neben der Haftstrafe, in den Fällen des § 111 Abs. 1 neben der Gefängnisstrafe usw. bis zum Schluß des Paragraphen.

3. Abschnitt.

Nichterfüllung von Lieferungsverträgen im Kriege.

§ 115 (107). Wer bei einem ausgebrochenem Kriege gegen das Reich, oder während der Ausbruch eines Krieges gegen das Reich zu erwarten ist, einen Vertrag usw.

4. (3.) Abschnitt.

Tätlichkeiten und Beleidigungen gegen das Staatsoberhaupt und seine Familie.

§ 116 (115). Tätlichkeiten gegen den Kaiser [—], einen [—] Bundesfürsten oder den Regenten usw. bis zum Schluß des Paragraphen. Tätlichkeiten.

§ 117 (116). Wer den Kaiser, einen [—] Bundesfürsten oder den Regenten eines Bundesstaats [—] beleidigt, wird wegen Majestätsbeleidigung mit Gefängnis oder Haft nicht unter zwei Monaten, bei mildernden Umständen mit Gefängnis oder Haft von einer Woche bis zu zwei Jahren bestraft. Majestätsbeleidigung.

Zur Verfolgung ist ein Antrag der Justizverwaltung des Landes erforderlich, dessen Landesherr der Beleidigte ist. Der Antrag kann zurückgenommen werden.

Das Vergehen verjährt in sechs Monaten.

Die Vorschriften über Ehrverletzungen finden keine Anwendung.

§ 118 (117). Beleidigungen [der im § 116 Abs. 1 bezeichneten Art] gegen Mitglieder eines Bundesfürstlichen Hauses werden mit Gefängnis oder Haft bis zu zwei Jahren bestraft.

Zur Verfolgung ist ein Antrag der Justizverwaltung des Landes erforderlich, zu dessen landesherrlichem Hause der Beleidigte gehört. Der Antrag kann zurückgenommen werden.

Die Absätze 3 und 4 des § 116 gelten auch hier.

5. Abschnitt.

Verbrechen und Vergehen gegen ausländische Staaten.

Angriffe gegen einen ausländischen Staat.

§ 119 (§ 123). Angriffe gegen einen ausländischen Staat im Sinne der §§ 101 und 102, sowie usw.

Beleidigung von Gesandten oder Geschäftsträgern.

§ 120 (§ 124). Die Beleidigung eines bei dem Reiche oder einem Bundesstaat beglaubigten Gesandten oder Geschäftsführers als solchen wird usw.

[§ 125.] Zu streichen und an dessen Statt in § 144 hinter „Bundesfürsten“ einzuschieben: „oder eines im Inlande öffentlich angebrachten Hoheitszeichens eines ausländischen Staats“.

---

6. (4.) Abschnitt.

Verbrechen und Vergehen in Beziehung auf die Ausübung staatsbürgerlicher Rechte.

Hinderung von Mitgliedern iner gesetzgebenden Versammlung.

§ 121 (§ 118). Wer es unternimmt [—] Mitglieder einer gesetzgebenden Versammlung des Reichs oder eines Bundesstaats durch Gewalt oder Drohung mit Gewalt an der freien Ausübung ihrer Befugnisse zu hindern, wird, auch wenn es nur bis zum Versuch gekommen ist, mit Zuchthaus bis zu fünf Jahren oder mit Haft von gleicher Dauer bestraft.

Sind mildernde Umstände vorhanden, so tritt Haft bis zu zwei Jahren ein.

Hinderung Wahlberechtigter.

§ 122 (§ 119). Wer [—] einen zur Wahl für eine gesetzgebende Versammlung oder eine Gemeindevertretung Berechtigten durch Gewalt oder Drohung mit Gewalt an der freien Ausübung des Wahlrechts hindert, wird mit Gefängnis oder mit Haft bestraft.

Der Versuch ist strafbar.

Wahlfälschung.

§ 123 (§ 120) gleichlautend.

Wahlbestechung.

§ 124 (§ 121).

Wer einem Wahlberechtigten Geschenke oder andere ihm nicht gebührende Vorteile anbietet, verspricht oder gewähr- als Entgelt dafür usw. bis zum Schluß des Paragraphen.

Unter diese Strafbestimmung fällt auch derjenige, der einen andern zu derartigen Bestechungen Wahlberechtigter dingt, wie derjenige, der sich dazu dingen läßt.

§ 125 (§ 122). Wer es böswillig unternimmt, die Wahlhandlung zu verhindern oder zu vereiteln, wird, auch wenn es nur bis zum Versuch gekommen ist, mit Haft oder Gefängnis bis zu einem Jahr oder mit Geldstrafe bis zu 2000 M bestraft. Wahlstörung

Dieselbe Strafe trifft den, der die Wahlhandlung böswillig durch Erregung von Lärm oder Unordnung oder auf ähnliche Weise stört.

Kolibri 360 GmbH
Ferdinand-Jühlke-Straße 7
99095 Erfurt, Deutschland
produktsicherheit@kolibri360.de